Cornelia Reisch · Peter Neher

Christus, das Licht

*50 Tagesimpulse
von Ostern bis Pfingsten*

Inhalt

Vorwort 9

Ein Buch, inspiriert vom Exsultet 11

Das Exsultet 21

50 Tagesimpulse von Ostern bis Pfingsten 27

Autorin und Autor 79

ZU DIESEM BUCH

Liebe Leserin, lieber Leser,

was der Engel den erschrockenen Frauen am leeren Grab verkündet hat, ist so unwahrscheinlich und unerwartet, dass schon damals die Jünger und Jüngerinnen lange Zeit gebraucht haben, um es zu glauben. Auch für uns heute nach 2000 Jahren ist die Botschaft von der Auferstehung nicht leicht zu begreifen. Jedes Jahr feiern wir 50 Tage lang Ostern, weil es Zeit braucht, zu glauben, zu verstehen, sich darauf einzulassen.

Dieses Büchlein möchte ein Wegbegleiter für die 50 Tage der Osterzeit sein. Ausgehend vom Exsultet, dem großen Osterlob, will es mit täglichen Impulsen in das Ostergeheimnis einführen und die Botschaft von der Auferstehung in den Alltag übersetzen. Wenn wir das Exsultet in der Osternacht hören, können wir meistens nur fasziniert lauschen und eine Fülle von biblischen Bezügen und theologischen Aussagen heraushören; sie in uns aufzunehmen und vor dem Hintergrund unseres eigenen Lebens und Glaubens durchzubuchstabieren – dazu braucht es Zeit.

Diese Exerzitien im Alltag laden Sie ein, am »Geländer« des Exsultet entlang die biblischen Hintergründe zu entdecken, mit diesen Texten ins Beten zu kommen und mit einem Impuls für jeden Tag ein Stückchen Ostern in den Alltag hineinzunehmen und daraus zu leben. Eine Gebetszeit am Morgen und ein Tagesrückblick am Abend helfen dazu. Wer am Abend besser Zeit zum Beten findet, nimmt den Impuls »für den Tag« am darauffolgenden Tag. Vielleicht findet sich auch eine Gruppe zusammen, die sich wöchentlich zum Austausch trifft.

Auf diesem Weg von Ostern bis Pfingsten geht es letztlich darum, dass wir frohen Herzens entdecken, was uns geschenkt ist: Freiheit, Vergebung, Erlösung, Leben, Auferstehung – nicht erst am Ende der Zeiten, sondern hier und jetzt.

So wünschen wir Ihnen einen gesegneten Weg hinein in die Osterfreude – weit über die Osternacht hinaus.

Cornelia Reisch
Peter Neher

Ein Buch, inspiriert vom Exsultet

Eine dunkle Kirche, davor ein prasselndes Feuer, verhaltene Spannung und die morgendliche Kühle des Ostersonntags oder die Müdigkeit des Karsamstagsabends sind jedes Jahr eine Quelle der Osterfreude. Noch hängt den Mitfeiernden die karge Liturgie des Karfreitags nach und das Osterfeuer erinnert an das Feuer, an dem Simon Petrus seinen Freund und Meister verleugnet hat.

Der Altardienst versammelt sich mit der Gemeinde zum Segnen des Osterfeuers und der Vorbereitung der Osterkerze. Ist die Flamme in den Kirchenraum hinein zu retten oder bläst der Wind sie wieder aus? Dreimal der Ruf »Lumen Christi« – »Deo gratias«, dann wird die Osterkerze auf den Leuchter gestellt und die Gemeinde im Exsultet, dem Osterlob, in die ganze Heilsgeschichte und die Theologie von Sünde, Tod und Auferstehung hineingenommen.

Exsultet iam angelica turba – »es jubelt schon die Menge der Engel« – doch es dauert noch, bis der Jubel in den Herzen der Gläubigen ankommt und widerhallt. 50 Tage dauert die Osterzeit, weil die Botschaft von Ostern nicht auf einmal zu begreifen und auszuloten ist.

Auf 50 Tage sind in diesem Büchlein die Verse des Exsultet verteilt, mit biblischen Bezügen, Impulsen zum persönlichen Gebet und jeweils einer Anregung, die Botschaft in die »Niederungen des Alltags« zu übersetzen.

An der liturgischen Textfassung entlang erschließt sich nach und nach die Botschaft von der Auferstehung Jesu vor dem Hintergrund alt- und neutestamentlicher Motive. Was im gehörten Vollzug in der Osternacht meist nicht in seiner Fülle wahrgenommen wird, kann so im eigenen Tempo durch die Meditation im Leben des Lesers und der Leserin ankommen.

Seit dem 4. Jahrhundert kennt die Kirche ein Lob auf die Osterkerze. Die älteste erhaltene Fassung stammt vermutlich aus der Gegend um Mailand. Später wurde der Text auf aneinandergeheftete Pergamente geschrieben, so dass die bebilderten Exsultet-Rollen beim Vortrag über den Ambo herunterhingen.

Über die Qualität und Genauigkeit der Übersetzung des Exsultet aus dem Lateinischen, wie es uns im Messbuch von 1975 begegnet, lässt sich streiten. Da es bei diesem Ansatz um die persönliche Meditation geht, orientieren wir uns am offiziellen Text und versuchen, von dieser Basis aus nachvollziehbare Bezüge zu den biblischen Motiven herzustellen.

Dennoch müssen einige theologische Grundlinien im Exsultet immer mitbedacht werden, auch wenn sie nicht explizit ausgesprochen werden. In der frühen Kirche wurden in der Osternacht die TaufbewerberInnen getauft. Bis heute ist die Osternacht der Ort der Erwachsenentaufe. Taufritus und Tauftheologie spiegeln sich im Exsultet wider.

Wir sprechen vom »Lob der Osterkerze«. Einige Passagen des Exsultet erzählen von der Kerze, ihrer Kostbarkeit und ihrer Entstehung. In der früheren Fassung gab es sogar einen noch größeren Abschnitt mit dem Lob der Biene, der heute ausgelassen ist. Die Kerze wird gleichgesetzt mit der leuchtenden Feuersäule des Alten Testaments, in der Gott sein Volk aus Ägypten durch das Rote Meer in die Freiheit führt. Ebenso steht die Osterkerze für den auferstandenen Christus, dessen Gegenwart sie repräsentiert.

Das Licht ist das beherrschende Motiv des Exsultet. Nacht, Dunkelheit und Finsternis stehen in der Bibel für das Chaos, die Mächte des Bösen, die Sünde und den Tod. Der Mensch ist ihnen hilflos ausgeliefert, weil er im Dunkel nichts sieht und keine Orientierung hat.

Gottes Schöpfungswerk beginnt mit der Erschaffung des Lichtes und dem Schaffen von Ordnung. Wenn in der Osternacht die brennende Osterkerze in die dunkle Kirche hineingetragen wird, erinnert uns das an den Beginn der Schöpfung. Als erste Lesung der Osternacht wird der erste Schöpfungsbericht mit den sieben Tagen der Welterschaffung vorgetragen.

Gleichzeitig spricht diese Symbolhandlung auch von der Neuschöpfung – der Auferstehung Jesu. Der (Oster-)Sonntag ist der achte Tag, der Tag der Neuschöpfung. An ihm hat das Licht der Auferstehung Jesu Christi die Nacht des Todes besiegt. Dreimal erschallt der Ruf:

»Lumen Christi« (Licht Christi) und die Gemeinde antwortet: »Deo Gratias« (Dank sei Gott).

Im Taufritus wird die Taufkerze an der Osterkerze angezündet. Damit wird das Licht der Osterkerze dem Neugetauften übergeben. Das bedeutet Erleuchtung, Anteilhabe an der Auferstehung Jesu, als »Neugeborener« im Licht des Glaubens seinen Weg gehen dürfen.

Wie eine Vorwegnahme der Taufe erzählt die dritte Lesung in der Osternacht vom Durchzug durch das Rote Meer. Im Taufritus der frühen Kirche geschah die Taufe durch Untertauchen in Wasser. Diese Symbolhandlung spricht deutlich von der Taufe auf den Tod und die Auferstehung Jesu. Durch die Taufe wird der Gläubige den Mächten des Bösen entrissen und neu geschaffen. Die Taufe ist *der* Neuanfang schlechthin. Wenn das Taufwasser über die ganze Gemeinde ausgesprengt wird, erinnern wir uns an unsere Taufe und die Zusage Gottes an jede und jeden von uns, wie es das Gebet der Taufwasserweihe sagt: »Dieses Wasser empfange die Gnade deines eingeborenen Sohnes vom Heiligen Geiste, damit der Mensch, der auf dein Bild hin geschaffen ist, durch das Sakrament der Taufe gereinigt wird von der alten Schuld und aus Wasser und Heiligem Geist aufersteht zum neuen Leben deiner Kinder.«

Von Schuld und Sünde ist im Exsultet immer wieder die Rede. Sie sind eine Wirklichkeit im menschlichen Leben, der wir uns nicht gern stellen. Viel Energie wird darauf verwendet, die eigene Unschuld zu beweisen, wenn etwas schiefgelaufen ist. Sich zu entschuldigen fällt oft schwer.

Der Begriff »Sünde« ist noch mehr belastet. Oft schwingt das verzerrte Bild eines verärgerten Gottvaters mit, der die Verfehlungen des Menschen in ein großes Buch notiert, um schließlich mit ihm abzurechnen – oder wie es ein Vers des Exsultet anklingen lässt: »Unser Herr Jesus Christus hat für uns beim ewigen Vater Adams Schuld bezahlt und den Schuldbrief ausgelöscht mit seinem Blut, das er aus Liebe vergossen hat.«

Das biblische Sprechen von Sünde ist ganz anders: Gott hat den Menschen so geschaffen, dass er die Freiheit hat, sich Gott zuzuwenden oder sich von Ihm abzuwenden, Gott zu vertrauen oder zu misstrauen. Sünde setzt die eigene Entscheidung voraus. Insofern ist »Sünde« etwas sehr Ernstes und nicht an einzelnen kleinen oder großen Fehltritten festzumachen. Sie übersteigt auch den einzelnen Menschen: In der Erzählung vom Sündenfall ist Adam keine historisch zu verstehende Person, sondern der Mensch an sich. Das Wort »Adam« kommt vom hebräischen Begriff »adamah« = »Erde«. Der Mensch als »Adam« ist der von der Erde Genommene, der Verletzliche und Sterbliche, der in die Abläufe der Natur und der Geschichte Verstrickte.

Doch Gottes Liebe zu seinem Geschöpf ist so groß, dass Er alles daran setzt, den Menschen aus dieser Verstrickung zu befreien. In Jesus wird Er selbst Mensch, nimmt alle Verstrickung auf sich und lebt die Liebe bis zur bitteren Neige, dem gewaltsamen Tod am Kreuz. Die paulinischen Briefe entfalten diese Aussage in immer neuen Worten.

Die Befreiung und Erlösung von der Sünde wird mit der alttestamentlichen Befreiung aus der Sklaverei in Ägypten in Beziehung gebracht. Ostern und Pascha gehören zusammen. Die Nacht der Befreiung aus der Sklaverei in Ägypten und die Nacht der Rettung am Schilfmeer (im Exsultet »Rotes Meer«) fallen mit der Osternacht zusammen. Wie das Blut des Pascha-Lammes an den Türpfosten die Israeliten vor dem Verderben bewahrt hat, bewahrt das Blut Christi vor dem »ewigen Tod«. Er ist das »wahre Osterlamm«. Im zweiten Schritt wird der Durchzug durch das Meer zum Bild der Taufe, die Befreiung bringt. Die Feuersäule, in der Gott sein Volk begleitet, wird im Exsultet zur Osterkerze und somit zu Christus, für den sie steht.

In der Heiligen Schrift begegnen wir einem Gott, der sich leidenschaftlich um den Menschen müht. Es berührt ihn, wie wir uns immer wieder in Schuld, Verhärtung und Isolation verstricken. Aus Mitleid und Erbarmen ergreift Gott die Initiative zu unserer Umkehr! Deswegen kommt Christus in die Welt, deswegen nimmt er Kreuz und Tod auf sich. Und er nimmt in seiner Auferstehung die Menschen mit ins Leben, mehr noch: Er macht sie zu »Kindern Gottes«.

Wie das Osterlicht die Dunkelheit, so vertreiben der Tod und die Auferstehung Jesu das Dunkel der Sünde und des Todes. Israel wurde durch Moses aus der Sklaverei in Ägypten befreit. Das neue Israel wird durch Jesus Christus aus der Sklaverei der Sünde und des Todes befreit – wir stehen nun unter der Macht Gottes. Diese Wirklichkeit müssen wir uns immer wieder neu bewusst machen.

Auferstehung ist im Grunde Neuschöpfung. Sie ist ein genauso gewaltiger Akt wie die Erschaffung der Welt. Was sich überlebt hat und im Tod untergegangen ist, ersteht ganz neu zu einem Leben, das anders ist als das vorhergehende. Es ist das Handeln Gottes am Menschen und an der ganzen Schöpfung.

Tod und Auferstehung Jesu sind *der* Wendepunkt. Mit ihm beginnt etwas Neues. Die Taufe nimmt uns in diesen Wendepunkt hinein und eröffnet uns jetzt schon im Hier und Heute das Neue. Gleichzeitig erfahren wir, dass wir immer noch im Alten verhaftet und verstrickt sind. Die Feier von Tod und Auferstehung Jesu und die Nachfolge Jesu im alltäglichen Leben helfen uns, dass wir immer tiefer begreifen, was an uns geschehen ist. ER will uns sozusagen an der Hand nehmen und in das neue Leben hineinführen.

Der eigentliche Zeitpunkt der Osternachtfeier ist der frühe Morgen des Ostersonntags. Hier kommt sinnenfällig zum Ausdruck, worum es geht: Aus dem Dunkel der Nacht ins Licht des neuen Morgens. Aus dem Dunkel der Sünde und des Todes ins Licht der Versöhnung und des neuen Lebens. Der Morgen ist das Symbol des Neuen, des Schöpfungsbeginns. Wir feiern deshalb auch unser

»wöchentliches« Osterfest am Sonntag, dem achten Tag. Er ist nach den sieben Tagen der Schöpfung der Tag der Neuschöpfung. Um es nach und nach zu verstehen, feiern wir dann auch 50 Tage lang Ostern bis zum Fest der Geistsendung – Pfingsten.

VIA LUCIS

Das Exsultet

Frohlocket, ihr Chöre der Engel,
frohlocket, ihr himmlischen Scharen,
lasset die Posaune erschallen,
preiset den Sieger, den erhabenen König!

Lobsinge, du Erde, überstrahlt vom Glanz aus der Höhe!
Licht des großen Königs umleuchtet dich.
Siehe, geschwunden ist allerorten das Dunkel.

Auch du freue dich, Mutter Kirche,
umkleidet von Licht und herrlichem Glanze!
Töne wider, heilige Halle,
töne von des Volkes mächtigem Jubel.

(Darum bitte ich euch, geliebte Brüder,
ihr Zeugen des Lichtes, das diese Kerze verbreitet:
Ruft mit mir zum allmächtigen Vater um sein Erbarmen
und seine Hilfe,
dass er, der mich ohne mein Verdienst, aus reiner Gnade,
in die Schar der Leviten berufen hat,
mich erleuchte mit dem Glanz seines Lichtes,
damit ich würdig das Lob dieser Kerze verkünde.)

(V: Der Herr sei mit euch.
A: Und mit deinem Geiste.)

V: Erhebet die Herzen.
A: Wir haben sie beim Herrn.
V: Lasset uns danken dem Herrn, unserm Gott.
A: Das ist würdig und recht.

V: In Wahrheit ist es würdig und recht,
den verborgenen Gott, den allmächtigen Vater,
mit aller Glut des Herzens zu rühmen
und seinen eingeborenen Sohn,
unsern Herrn Jesus Christus,
mit jubelnder Stimme zu preisen.

Er hat für uns beim ewigen Vater Adams Schuld bezahlt
und den Schuldbrief ausgelöscht
mit seinem Blut, das er aus Liebe vergossen hat.

Gekommen ist das heilige Osterfest,
an dem das wahre Lamm geschlachtet ward,
dessen Blut die Türen der Gläubigen heiligt
und das Volk bewahrt vor Tod und Verderben.

Dies ist die Nacht,
die unsere Väter, die Söhne Israels,
aus Ägypten befreit
und auf trockenem Pfad durch die Fluten des Roten
Meeres geführt hat.

Dies ist die Nacht,
in der die leuchtende Säule
das Dunkel der Sünde vertrieben hat.

Dies ist die Nacht,
die auf der ganzen Erde alle, die an Christus glauben,
scheidet von den Lastern der Welt,
dem Elend der Sünde entreißt,
ins Reich der Gnade heimführt
und einfügt in die heilige Kirche.

Dies ist die selige Nacht,
in der Christus die Ketten des Todes zerbrach
und aus der Tiefe als Sieger emporstieg.

Wahrhaftig, umsonst wären wir geboren,
hätte uns nicht der Erlöser gerettet.

O unfassbare Liebe des Vaters:
Um den Knecht zu erlösen,
gabst du den Sohn dahin!

O wahrhaft heilbringende Sünde des Adam,
du wurdest uns zum Segen,
da Christi Tod dich vernichtet hat.

O glückliche Schuld,
welch großen Erlöser hast du gefunden!

O wahrhaft selige Nacht,
dir allein war es vergönnt, die Stunde zu kennen,
in der Christus erstand von den Toten.

Dies ist die Nacht, von der geschrieben steht:
»Die Nacht wird hell wie der Tag,
wie strahlendes Licht wird die Nacht mich umgeben.«

Der Glanz dieser heiligen Nacht
nimmt den Frevel hinweg,
reinigt von Schuld,
gibt den Sündern die Unschuld,
den Trauernden Freude.
Weit vertreibt sie den Hass,
sie einigt die Herzen und beugt die Gewalten.

In dieser gesegneten Nacht, heiliger Vater,
nimm an das Abendopfer unseres Lobes,
nimm diese Kerze entgegen als unsere festliche Gabe!
Aus dem köstlichen Wachs der Bienen bereitet,
wird sie dir dargebracht von deiner heiligen Kirche
durch die Hand ihrer Diener.

So ist nun das Lob dieser kostbaren Kerze erklungen,
die entzündet wurde am lodernden Feuer
zum Ruhme des Höchsten.
Wenn auch ihr Licht sich in die Runde verteilt hat,
so verlor es doch nichts von der Kraft seines Glanzes.

Denn die Flamme wird genährt vom schmelzenden Wachs,
das der Fleiß der Bienen für diese Kerze bereitet hat.

O wahrhaft selige Nacht,
die Himmel und Erde versöhnt,
die Gott und Menschen verbindet!

Darum bitten wir dich, o Herr:
Geweiht zum Ruhm deines Namens,
leuchte die Kerze fort,
um in dieser Nacht das Dunkel zu vertreiben.

Nimm sie an als lieblich duftendes Opfer,
vermähle ihr Licht mit den Lichtern am Himmel.

Sie leuchte, bis der Morgenstern erscheint,
jener wahre Morgenstern, der in Ewigkeit nicht untergeht:
dein Sohn, unser Herr Jesus Christus,
der von den Toten erstand,
der den Menschen erstrahlt im österlichen Licht;
der mit dir lebt und herrscht in Ewigkeit.

A: Amen.

1. Tag

Frohlocket, ihr Chöre der Engel,
frohlocket, ihr himmlischen Scharen ...

Da hörte ich eine laute Stimme im Himmel rufen: Jetzt ist er da, der rettende Sieg, die Macht und die Herrschaft unseres Gottes und die Vollmacht seines Gesalbten ... Darum jubelt ihr Himmel und alle, die darin wohnen. *Offb 12,10.12*

*

Unvermittelt trifft uns in der Dunkelheit der Nacht und in der müden Traurigkeit des Karsamstags eine Aufforderung zu ausgelassenem Jubel: »Exsultet« – »Frohlocket«!

▶ *Ich stelle eine brennende Osterkerze vor mich hin und lasse mich langsam auf eine österliche Stimmung ein.*

Für den Tag:
Immer wieder lasse ich mir die Aufforderung »Frohlocket« zusagen.

2. Tag

Lasset die Posaune erschallen

Der siebte Engel blies seine Posaune. Da ertönten laute Stimmen im Himmel, die riefen: Nun gehört die Herrschaft über die Welt unserem Herrn und seinem Gesalbten; und sie werden herrschen in Ewigkeit.   *Offb 11,15*

*

Der Osterjubel beginnt im Himmel – die Chöre der Engel und die himmlischen Scharen wissen zuerst um die Auferstehung, den Sieg über den Tod. Die Posaune soll es allen anderen verkünden.

▸ *Ostern sagt uns, dass das Leben stärker ist als der Tod – was verändert sich, wenn ich meine großen und kleinen Sorgen vor diesem Hintergrund anschaue?*

FÜR DEN TAG:
Ich lasse mir heute ein Stückchen Himmel offen …

3. Tag

Preiset den Sieger, den erhabenen König!

Ich sah, und ich hörte die Stimme von vielen Engeln ...
Sie riefen mit lauter Stimme: Würdig ist das Lamm, das
geschlachtet wurde, Macht zu empfangen, Reichtum und
Weisheit, Kraft und Ehre, Herrlichkeit und Lob.
Offb 5,11f

*

Der Sieger, der »erhabene König« ist der auferstandene
Jesus, das »Osterlamm«. Sein Sieg besteht im Loslassen,
im Vertrauen, in der Hingabe des eigenen Lebens.

▶ *Wo ist mir im Loslassen, im Vertrauen, in der Hingabe Kraft zugewachsen?*

FÜR DEN TAG:
Ich spüre heute in meinen Aufgaben und in den Begegnungen meinen Quellen nach.

4. Tag

Lobsinge, du Erde, überstrahlt vom Glanz aus der Höhe!

Der Herr ist König. Die Erde frohlocke. Rings um ihn her sind Wolken und Dunkel, Gerechtigkeit und Recht sind die Stützen seines Throns. Seine Blitze erhellen den Erdkreis; die Erde sieht es und bebt. Seine Gerechtigkeit verkünden die Himmel, seine Herrlichkeit schauen alle Völker. Ein Licht erstrahlt den Gerechten und Freude den Menschen mit redlichem Herzen. Ihr Gerechten, freut euch am Herrn, und lobt seinen heiligen Namen.
Ps 97,1f.4.6.11f

*

Die Erde stimmt in den Osterjubel mit ein. Der Glanz und das Licht des Ostermorgens erhellt die ganze Schöpfung. Die Auferstehung lässt uns die Schöpfung in einem neuen Licht sehen.

▶ *Wie lebe ich im Einklang mit der Schöpfung, mit der Natur, mit meinem eigenen Leib?*

FÜR DEN TAG:
Ich gehe heute in die Natur und schaue dem Spiel des Lichtes zu.

5. Tag

Licht des großen Königs umleuchtet dich

Durch die barmherzige Liebe unseres Gottes wird uns besuchen das aufstrahlende Licht aus der Höhe, um allen zu leuchten, die in Finsternis sitzen und im Schatten des Todes, und unsere Schritte zu lenken auf den Weg des Friedens.   *Lk 1,78f*

*

Licht bedeutet Leben, Trost und Orientierung. So wie wir ohne das Licht der Sonne erfrieren würden, holt uns die »barmherzige Liebe unseres Gottes« durch die Auferstehung Jesu aus der Finsternis der Einsamkeit und aus dem Tod.

▸ *Ich stelle mich ins (Tages-)Licht und lasse mich »umleuchten«.*

FÜR DEN TAG:
Ich schenke etwas von dem Licht, das ich erfahren darf, an andere weiter.

6. Tag

Siehe, geschwunden ist allerorten das Dunkel

Im Anfang schuf Gott Himmel und Erde; die Erde aber war wüst und wirr, Finsternis lag über der Urflut, und Gottes Geist schwebte über dem Wasser. Gott sprach: Es werde Licht. Und es wurde Licht. Gott sah, dass das Licht gut war. Gott schied das Licht von der Finsternis, und Gott nannte das Licht Tag, und die Finsternis nannte er Nacht. Es wurde Abend, und es wurde Morgen: erster Tag.   *Gen 1,1–5*

*

Vor der Schöpfung steht das Chaos, die Nacht, das Dunkel – das Tohuwabohu (»wüst und wirr«). Mit dem Licht beginnt das Ordnungswerk Gottes. Der Ostermorgen ist der erste Tag der neuen Schöpfung.

▶ *Welches »Chaos« um mich herum und in mir soll sich in den nächsten Wochen ordnen?*

FÜR DEN TAG:
Ich räume meine Wohnung oder meinem Arbeitsplatz auf.

7. Tag

Auch du freue dich, Mutter Kirche

Ich sah die heilige Stadt, das neue Jerusalem, von Gott her aus dem Himmel herabkommen; sie war bereit wie eine Braut, die sich für ihren Mann geschmückt hat. Da hörte ich eine laute Stimme vom Thron her rufen: Seht, die Wohnung Gottes unter den Menschen! Er wird in ihrer Mitte wohnen und sie werden sein Volk sein; und er, Gott, wird bei ihnen sein. Er wird alle Tränen von ihren Augen abwischen: Der Tod wird nicht mehr sein, keine Trauer, keine Klage, keine Mühsal. Denn was früher war, ist vergangen.   *Offb 21,2–4*

*

Die Kirche, das »neue Jerusalem«, ist wie eine Braut, wie eine Mutter. Sie ist nicht ein Gebäude oder eine Institution, sondern von Gott geschenkte Gemeinschaft und Lebensraum für alle, die an Christus glauben.

▶ *Wie höre ich die Anrede »Mutter Kirche«? Welche Empfindungen kommen mir dabei?*

FÜR DEN TAG:
Ich spüre meiner eigenen Mütterlichkeit / Väterlichkeit nach …

8. Tag

Umkleidet von Licht und herrlichem Glanze

Der Thron Gottes und des Lammes wird in der Stadt stehen, und seine Knechte werden ihm dienen. Sie werden sein Angesicht schauen, und sein Name ist auf ihre Stirn geschrieben. Es wird keine Nacht mehr geben, und sie brauchen weder das Licht einer Lampe noch das Licht der Sonne. Denn der Herr, ihr Gott, wird über ihnen leuchten, und sie werden herrschen in alle Ewigkeit.
Offb 22,3b–5

*

Das Exsultet nimmt das Licht und den Glanz der unmittelbaren Einheit mit Gott, das Anschauen von Angesicht zu Angesicht, in der Ewigkeit voraus. Dieses Licht der Auferstehung strahlt jetzt schon durch die Kirche.

▶ *Ich lasse mich von Gott anschauen, stelle mir vor, wie er seinen Namen auf meine Stirn schreibt ...*

FÜR DEN TAG:
Ich gehe »umstrahlt von Licht« durch meinen Alltag – wie fühlt es sich an?

9. Tag

**Töne wider, heilige Halle,
töne von des Volkes mächtigem Jubel**

Sie (die Engel) sangen das Lied des Mose, des Knechtes Gottes, und das Lied zu Ehren des Lammes: Groß und wunderbar sind deine Taten, Herr, Gott und Herrscher über die ganze Schöpfung. Gerecht und zuverlässig sind deine Wege, du König der Völker. Wer wird dich nicht fürchten, Herr, wer wird deinen Namen nicht preisen? Denn du allein bist heilig: Alle Völker kommen und beten dich an; denn deine gerechten Taten sind offenbar geworden. *Offb 15,3–4*

*

Die »Halle« der Kirche antwortet wie ein Echo auf den Jubel der Engel im Himmel. Durch die Zeiten und in vielen Sprachen wird die Auferstehung verkündet.

▶ *Wann und wo fühle ich mich in die weltweite Kirche eingebunden?*

FÜR DEN TAG:
Ich gehe heute in »meine« Kirche und spüre dem Ort nach, denke an die Menschen, die hier und überall auf der Welt beten und feiern.

10. Tag

Der verborgene Gott

Wahrhaftig, du bist ein verborgener Gott. Israels Gott ist der Retter. Denn so spricht der Herr, der den Himmel erschuf, ... der die Erde geformt und gemacht hat ...: Ich bin der Herr, und sonst niemand. Ich bin der Herr, der die Wahrheit spricht und der verkündet, was recht ist.
Jes 45,15.18.19b

*

Gott ist verborgen, unsichtbar – und doch erfahrbar: Er ist der Retter, der Schöpfer, er spricht uns Menschen an.

▶ *Ist Gott für mich der »verborgene Gott«? Wo erfahre ich seine Nähe?*

FÜR DEN TAG:
Ich suche die Spuren des unsichtbaren Gottes in dem, was mir heute begegnet.

11. Tag

**In Wahrheit ist es würdig und recht,
den verborgenen Gott, den allmächtigen Vater,
mit aller Glut des Herzens zu rühmen**

Dankt dem Vater mit Freude! Er hat euch fähig gemacht, Anteil zu haben am Los der Heiligen, die im Licht sind. Er hat uns der Macht der Finsternis entrissen und aufgenommen in das Reich seines geliebten Sohnes. Durch ihn haben wir die Erlösung, die Vergebung der Sünden.
Kol 1,12–14

*

Gottes »Väterlichkeit« zeigt sich darin, dass er uns als Kinder annimmt. Er schenkt uns Würde, Freiheit, Vergebung.

▶ *Ich spreche Gott mit »Vater« an – was empfinde ich dabei? Kann ich es mit »aller Glut des Herzens« tun?*

FÜR DEN TAG:
Ich bete in den verschiedenen Situationen: »Vater unser ...« oder »Mein Vater ...«

12. Tag

**Und seinen eingeborenen Sohn,
unsern Herrn Jesus Christus,
mit jubelnder Stimme zu preisen**

(Christus) ist das Ebenbild des unsichtbaren Gottes, der Erstgeborene der ganzen Schöpfung. Denn in ihm wurde alles erschaffen im Himmel und auf Erden, das Sichtbare und das Unsichtbare, Throne und Herrschaften, Mächte und Gewalten; alles ist durch ihn und auf ihn hin geschaffen. Er ist vor aller Schöpfung, in ihm hat alles Bestand. Er ist das Haupt des Leibes, der Leib aber ist die Kirche. Er ist der Ursprung, der Erstgeborene der Toten; so hat er in allem den Vorrang. Denn Gott wollte mit seiner ganzen Fülle in ihm wohnen, um durch ihn alles zu versöhnen.   *Kol 1,15–20a*

*

Jesus Christus – der eingeborene Sohn – ist das Ebenbild des unsichtbaren Gottes. In Jesus erfahren wir, wie Gott ist. In ihm wird Gott »sichtbar«.

▶ *Welches Bild von Jesus trage ich in mir?*

FÜR DEN TAG:
Wenn ich in den Spiegel schaue, denke ich daran, dass auch ich ein »Ebenbild« Gottes bin.

13. Tag

Adams Schuld

Durch einen einzigen Menschen kam die Sünde in die Welt und durch die Sünde der Tod, und auf diese Weise gelangte der Tod zu allen Menschen, weil alle sündigten. Sünde war schon vor dem Gesetz in der Welt, aber Sünde wird nicht angerechnet, wo es kein Gesetz gibt; dennoch herrschte der Tod von Adam bis Mose auch über die, welche nicht wie Adam durch Übertreten eines Gebots gesündigt hatten; Adam aber ist die Gestalt, die auf den Kommenden hinweist.   *Röm 5,12–14*

*

Sünde ist allgegenwärtig, auch wenn der Einzelne nichts Böses tut. Wir sind eingebunden in Bezüge, die sündhafte Strukturen haben können (z. B. internationaler Handel, Lebensmittelindustrie), und auch in die eigene Familiengeschichte.

▶ *Wo fühle ich mich in Zusammenhänge verstrickt, die mich prägen oder gar bedrücken?*

FÜR DEN TAG:
Ich versuche heute, im Umgang mit mir selbst, mit meinen Mitmenschen, mit der Natur etwas besser zu machen als sonst.

14. Tag

Er (Jesus Christus) hat für uns beim ewigen Vater Adams Schuld bezahlt und den Schuldbrief ausgelöscht mit seinem Blut, das er aus Liebe vergossen hat.

Mit Christus wurdet ihr in der Taufe begraben, mit ihm auch auferweckt, durch den Glauben an die Kraft Gottes, der ihn von den Toten auferweckt hat. Ihr wart tot infolge eurer Sünden …; Gott aber hat euch mit Christus zusammen lebendig gemacht und uns alle Sünden vergeben. Er hat den Schuldschein, der gegen uns sprach, durchgestrichen und seine Forderungen, die uns anklagten, aufgehoben. Er hat ihn dadurch getilgt, dass er ihn an das Kreuz geheftet hat.   *Kol 2,12–14*

*

Jesus hat Mitleid mit unserer Verstrickung – er holt uns heraus aus den uralten Strukturen von Sünde und Schuld.

▶ *Ich schaue meinen »Schuldbrief« an: was mich belastet, was ich mir vorwerfe, welche Anforderungen ich nicht erfüllen kann oder will – ich kann diesen Schuldbrief auf einen Zettel schreiben und mir vorstellen, wie Jesus ihn zerreißt …*

FÜR DEN TAG:
Ich versuche, heute niemandem etwas nachzutragen.

15. Tag

Das wahre Lamm

Wir hatten uns alle verirrt wie Schafe, jeder ging für sich seinen Weg. Doch der Herr lud auf ihn die Schuld von uns allen. Er wurde misshandelt und niedergedrückt, aber er tat seinen Mund nicht auf. Wie ein Lamm, das man zum Schlachten führt, und wie ein Schaf angesichts seiner Scherer, so tat auch er seinen Mund nicht auf. Nachdem er so vieles ertrug, erblickt er das Licht. Er sättigt sich an Erkenntnis. Mein Knecht, der gerechte, macht die vielen gerecht; er lädt ihre Schuld auf sich. Er trug die Sünden von vielen und trat für die Schuldigen ein. *Jes 53,6–7.11.12b*

*

In der hebräischen Sprache haben die Wörter »Lamm« und »Knecht« die gleiche Wurzel. Der Gottesknecht, den der Prophet Jesaja besingt, ist das Pascha-Lamm, dessen Blut das Volk Israel vor Unheil bewahrt. Er ist der »Sündenbock«, auf den alle Schuld abgewälzt wird.

▶ *Wie gehe ich mit meiner Schuld um? Was geschieht, wenn ich sie mir von Jesus abnehmen lasse?*

FÜR DEN TAG:
Ich suche heute keine »Entschuldigungen« für ein mögliches Fehlverhalten.

16. Tag

**Gekommen ist das heilige Osterfest,
an dem das wahre Lamm geschlachtet ward,
dessen Blut die Türen der Gläubigen heiligt
und das Volk bewahrt vor Tod und Verderben**

Der Herr sprach zu Mose und Aaron in Ägypten: Gegen Abend soll die ganze versammelte Gemeinde Israel die Lämmer schlachten. Man nehme etwas von dem Blut und bestreiche damit die beiden Türpfosten und den Türsturz an den Häusern, in denen man das Lamm essen will. … In dieser Nacht gehe ich durch Ägypten und erschlage in Ägypten jeden Erstgeborenen bei Mensch und Vieh. Über alle Götter Ägyptens halte ich Gericht, ich, der Herr. Das Blut an den Häusern, in denen ihr wohnt, soll ein Zeichen zu eurem Schutz sein. Wenn ich das Blut sehe, werde ich an euch vorübergehen, und das vernichtende Urteil wird euch nicht treffen.   *Ex 12,1a. 6b–7. 12–13*

*

Zeichen sagen uns Schutz und Sicherheit zu. Für uns ist das Kreuz *das* Zeichen der Rettung.

▶ *In welcher Situation habe ich erfahren, dass ich bewahrt und geschützt wurde?*

FÜR DEN TAG: Ich zeichne das Kreuz auf meine Stirn – vielleicht ebenso bei jemandem, der mir wichtig ist.

17. Tag

**Dies ist die Nacht,
die unsere Väter, die Söhne Israels,
aus Ägypten befreit und auf trockenem Pfad
durch die Fluten des Roten Meeres geführt hat**

Der Herr sprach zu Mose: Was schreist du zu mir? Sag den Israeliten, sie sollen aufbrechen. Und du heb deinen Stab hoch, streck deine Hand über das Meer, und spalte es, damit die Israeliten auf trockenem Boden in das Meer hineinziehen können. Ich aber will das Herz der Ägypter verhärten, damit sie hinter ihnen hineinziehen. So will ich am Pharao und an seiner ganzen Streitmacht, an seinen Streitwagen und Reitern meine Herrlichkeit erweisen. *Ex 14,15–17*

*

Gott führt sein Volk »trockenen Fußes« durch das Meer in die Freiheit. Das ist ein Bild für die Taufe, die uns von Sünde und Tod befreit.

▸ *Ich stelle mir vor, mit den Israeliten durchs Meer zu ziehen – was möchte ich hinter mir lassen?*

FÜR DEN TAG:
Ich gebe Gott die Chance, Seine Herrlichkeit zu zeigen.

18. Tag

**Dies ist die Nacht,
in der die leuchtende Säule
das Dunkel der Sünde vertrieben hat**

Der Herr zog vor ihnen her, bei Tag in einer Wolkensäule, um ihnen den Weg zu zeigen, bei Nacht in einer Feuersäule, um ihnen zu leuchten. So konnten sie Tag und Nacht unterwegs sein. Die Wolkensäule wich bei Tag nicht von der Spitze des Volkes, und die Feuersäule nicht bei Nacht.   *Ex 13,21f*

*

Israel erfährt, dass Gott es begleitet und beschützt.
Im Licht der Feuersäule, der Gegenwart Gottes, verlieren die feindlichen Kräfte ihre Macht. Die Feuersäule ist das Bild für die Osterkerze.

▸ *Welche Dunkelheit in mir und um mich herum will dieses Licht vertreiben (Ängste, Fehlhaltungen, Hindernisse …)?*

FÜR DEN TAG:
Ich genieße die verschiedenen Formen des Lichtes: den Sonnenschein, eine Kerze, ein Fenster …

19. Tag

**Dies ist die Nacht,
die auf der Erde alle, die an Christus glauben,
scheidet von den Lastern der Welt**

Ihr wurdet aus der Macht der Sünde befreit und seid zu Sklaven der Gerechtigkeit geworden. … Jetzt aber, da ihr aus der Macht der Sünde befreit und zu Sklaven Gottes geworden seid, habt ihr einen Gewinn, der zu eurer Heiligung führt und das ewige Leben bringt. Denn der Lohn der Sünde ist der Tod, die Gabe Gottes aber ist das ewige Leben in Christus Jesus, unserem Herrn. *Röm 6,18.22ff*

*

Ein »Sklave« kann nicht frei über sich selbst bestimmen, sondern untersteht der Macht eines anderen. In der Taufe werden wir befreit – das ist einmalig und doch immer wieder einzuholen.

▸ *Welche »Laster« haften (noch) an mir? – Ich darf mir zusagen lassen, dass ich schon frei bin.*

FÜR DEN TAG:
Ich habe heute Geduld mit mir.

20. Tag

Das Elend der Sünde

Ich begreife mein Handeln nicht: Ich tue nicht das, was ich will, sondern das, was ich hasse. Wenn ich aber das tue, was ich nicht will, erkenne ich an, dass das Gesetz gut ist. Dann aber bin nicht mehr ich es, der so handelt, sondern die in mir wohnende Sünde. Ich weiß, dass in mir, das heißt in meinem Fleisch, nichts Gutes wohnt; das Wollen ist bei mir vorhanden, aber ich vermag das Gute nicht zu verwirklichen. Denn ich tue nicht das Gute, das ich will, sondern das Böse, das ich nicht will. Ich unglücklicher Mensch! *Röm 7,15–19.24*

*

Nicht »Herr im eigenen Haus sein«, das Gute wollen und das Gegenteil davon tun – die Sünde kann als eine Macht erfahren werden, die stärker ist als der eigene Wille. Und gleichzeitig wissen wir uns für unser Tun verantwortlich.

▸ *Mit welcher Schwäche, welchem Fehler, kämpfe ich immer wieder?*

FÜR DEN TAG:
Ich gebe meine Fehler zu und beschönige nichts.

21. Tag

Dem Elend der Sünde entreißt

Mit Christus wurdet ihr in der Taufe begraben, mit ihm auch auferweckt, durch den Glauben an die Kraft Gottes, der ihn von den Toten auferweckt hat. Ihr wart tot infolge eurer Sünden …; Gott aber hat euch mit Christus zusammen lebendig gemacht und uns alle Sünden vergeben. *Kol 2,12f*

*

Jemandem etwas zu entreißen bedeutet einen großen Kraftaufwand. Wir haben oft das Gefühl, dass wir in unseren Fehlern und Sünden fest verhaftet sind. Es ist die Kraft Gottes, die uns in der Taufe in den Tod Jesu eintaucht. Und es ist die Kraft Gottes, die uns mit seiner Auferstehung einen neuen Anfang schenkt.

▶ *Ich stelle mir den urkirchlichen Taufritus vor: ganz untergetaucht und dann aus dem Wasser gezogen werden – wie fühlt sich das »neue Leben« an?*

FÜR DEN TAG:
Ich halte immer wieder inne und schaue die Dinge und die Menschen um mich herum mit »neuen Augen« an.

22. Tag

**Dies ist die Nacht,
die ins Reich der Gnade heimführt**

Gepriesen sei der Gott und Vater unseres Herrn Jesus Christus: Er hat uns mit allem Segen seines Geistes gesegnet durch unsere Gemeinschaft mit Christus im Himmel. Denn in ihm hat er uns erwählt vor der Erschaffung der Welt, damit wir heilig und untadelig leben vor Gott; er hat uns aus Liebe dazu bestimmt, seine Söhne (und Töchter) zu werden durch Jesus Christus und nach seinem gnädigen Willen zu ihm zu gelangen, zum Lob seiner herrlichen Gnade. ... Er hat beschlossen, die Fülle der Zeiten heraufzuführen, in Christus alles zu vereinen, alles, was im Himmel und auf Erden ist.   *Eph 1,1–6a.10*

*

Das »Reich der Gnade« bedeutet nichts anderes, als dass Erde und Himmel, Mensch und Gott vereint sind. Von Anfang an wollte Gott nichts anderes. Aus dieser Gewissheit können wir »heilig« und »untadelig« leben, als Seine Kinder.

▶ *Wo möchte ich mehr im Einklang mit Gott, mit mir und mit den Menschen meiner Umgebung leben?*

FÜR DEN TAG: Ich segne in meinen Gedanken die Menschen, die mir heute begegnen.

23. Tag

**Dies ist die Nacht, die auf der ganzen Erde alle, die an Christus glauben,
... einfügt in die heilige Kirche**

(Ihr Männer, liebt eure Frauen) wie Christus die Kirche geliebt und sich für sie hingegeben hat, um sie im Wasser und durch das Wort rein und heilig zu machen. So will er die Kirche herrlich vor sich erscheinen lassen, ohne Flecken, Falten oder andere Fehler; heilig soll sie sein und makellos.   *Eph 5,25–27*

*

Die »heilige Kirche« ist nicht »heilig«, weil sie moralisch vollkommen wäre – sie ist »heilig«, weil Christus sie liebt und weil sie zu ihm gehört.

▶ *Fühle ich mich als Teil der Kirche? Wo bin ich es gern und wo fällt es mir schwer?*

FÜR DEN TAG:
Ich setze ein Zeichen für meine Solidarität mit der konkreten Kirche, in die ich eingefügt bin: ...

24. Tag

Die Ketten des Todes

Ich liebe den Herrn; denn er hat mein lautes Flehen gehört und sein Ohr mir zugeneigt an dem Tag, als ich zu ihm rief. Mich umfingen die Fesseln des Todes, mich befielen die Ängste der Unterwelt, mich trafen Bedrängnis und Kummer. Da rief ich den Namen des Herrn an: »Ach Herr, rette mein Leben!« Der Herr ist gnädig und gerecht, unser Gott ist barmherzig. ... Ja, du hast mein Leben dem Tod entrissen, meine Tränen getrocknet, meinen Fuß bewahrt vor dem Gleiten. So gehe ich meinen Weg vor dem Herrn im Lande der Lebenden.   *Ps 116,1–5.8f*

*

Die »Ketten des Todes« – ein Bild für alle lebensfeindlichen Mächte, für unsere Ängste und Bedrängnisse. Das zieht »nach unten«. Gott hört unser Schreien und löst, was uns bindet.

▶ *Gibt es in meinem Leben Situationen, in denen ich mich »nach unten« ziehen lasse (Erinnerungen, Stimmungen, Beziehungen)?*

Für den Tag:
Ich achte heute auf meine Stimmungen – nicht um darin aufzugehen, sondern um ins Gleichgewicht zu kommen.

25. Tag

**Dies ist die selige Nacht,
in der Christus die Ketten des Todes zerbrach
und aus der Tiefe als Sieger emporstieg**

Wir wissen, dass Christus, von den Toten auferweckt, nicht mehr stirbt; der Tod hat keine Macht mehr über ihn. Denn durch sein Sterben ist er ein für alle Mal gestorben für die Sünde, sein Leben aber lebt er für Gott.
Röm 6,9–10

*

Jesus Christus geht mit uns bis in die dunkelste Tiefe, er teilt unsere Ängste und unsere Bedrängnis. Er geht mit uns in Leid, Schmerz und Tod. Er lässt uns darin nicht allein – mehr noch, er nimmt uns mit in sein Leben.

▶ *Ich lasse den Vers des Exsultet auf mich wirken: Christus, der in die Tiefe hinabsteigt, die Ketten zerbricht und mich mitnimmt ins Licht.*

FÜR DEN TAG:
Ich genieße es, mich frei bewegen zu können – vielleicht mache ich einen Spaziergang, ganz ohne Gepäck.

26. Tag

**Wahrhaftig, umsonst wären wir geboren,
hätte uns nicht der Erlöser gerettet**

Wir alle, die wir auf Christus Jesus getauft wurden, sind auf seinen Tod getauft worden. Wir wurden mit ihm begraben durch die Taufe auf den Tod; und wie Christus durch die Herrlichkeit des Vaters von den Toten auferweckt wurde, so sollen auch wir als neue Menschen leben. So sollt auch ihr euch als Menschen begreifen, die für die Sünde tot sind, aber für Gott leben in Christus Jesus.
Röm 6,3–4.11

*

Die Taufe nimmt uns hinein in die Schicksalsgemeinschaft mit Jesus. Der geschenkte Neuanfang, die Erlösung ist mehr als die Wiederherstellung des ursprünglichen Zustandes!

▶ *Was möchte in dieser Osterzeit an oder in mir »neu« werden?*

FÜR DEN TAG:
In den Tätigkeiten und Begegnungen mir immer wieder sagen: Ich darf trotz allem als neuer Mensch leben.

27. Tag

O unfassbare Liebe des Vaters

Was ergibt sich nun, wenn wir das alles bedenken? Ist Gott für uns, wer ist dann gegen uns? Er hat seinen eigenen Sohn nicht verschont, sondern ihn für uns alle hingegeben – wie sollte er uns mit ihm nicht alles schenken? Denn ich bin gewiss: Weder Tod noch Leben, weder Engel noch Mächte, weder Gegenwärtiges noch Zukünftiges, weder Gewalten der Höhe oder Tiefe noch irgendeine andere Kreatur können uns scheiden von der Liebe Gottes, die in Christus Jesus ist, unserem Herrn.   *Röm 8,31f.38f*

*

Gottes Liebe macht uns fassungslos – wenn wir darüber nachdenken. So ein Handeln war nicht zu erwarten ...

▶ *Wofür bin ich Gott dankbar? – Es sind Zeichen seiner unfassbaren Liebe zu mir.*

FÜR DEN TAG:
Ich nehme die Begegnungen und Fügungen dieses Tages als Geschenk wahr.

28. Tag

**Um den Knecht zu erlösen,
gabst du den Sohn dahin!**

Als aber die Zeit erfüllt war, sandte Gott seinen Sohn, geboren von einer Frau und dem Gesetz unterstellt, damit er die freikaufe, die unter dem Gesetz stehen, und damit wir die Sohnschaft erlangen. Wie ihr aber Söhne (und Töchter) seid, sandte Gott den Geist seines Sohnes in unser Herz, den Geist, der ruft: Abba, Vater. Daher bist du nicht mehr Sklave, sondern Sohn; bist du aber Sohn, dann auch Erbe, Erbe durch Gott.   *Gal 4,4–8*

*

Gottes Liebe zum Menschen ist unbegreiflich: Einen Sklaven (Knecht) freizukaufen bedeutet, ihm die Menschenwürde zurückzugeben. Gott setzt das Wertvollste, seinen Sohn, dafür ein.

▶ *Ich bin Gott unendlich wertvoll. Er tut alles für mich – Jesus kam und kommt auch meinetwegen in die Welt.*

FÜR DEN TAG:
Ich lege eine Weihnachtskarte oder das Jesuskind aus meiner Weihnachtskrippe in mein Blickfeld.

29. Tag

O wahrhaft heilbringende Sünde des Adam,
du wurdest uns zum Segen,
da Christi Tod dich vernichtet hat!

Durch einen einzigen Menschen kam die Sünde in die Welt und durch die Sünde der Tod ... Adam aber ist die Gestalt, die auf den Kommenden hinweist. Doch anders als mit der Übertretung verhält es sich mit der Gnade; sind durch die Übertretung des einen die vielen dem Tod anheimgefallen, so ist erst recht die Gnade Gottes und die Gabe, die durch die Gnadentat des einen Menschen Jesus Christus bewirkt worden ist, den vielen reichlich zuteil geworden. Denn wie die Sünde herrschte und zum Tod führte, so soll auch die Gnade herrschen und durch Gerechtigkeit zum ewigen Leben führen, durch Jesus Christus, unseren Herrn. *Röm 5,12a.14b–15.21*

*

Dieses neue Leben, das uns Jesus eröffnet, ist »mehr« als das Leben, das uns durch die Schöpfung geschenkt ist – Gott lässt es sich »viel kosten«.

▶ *Wo gibt/gab es in meinem Leben einen Neuanfang aus einer verfahrenen Situation?*

FÜR DEN TAG: Ich tue einen ersten Schritt – zu einer Veränderung, einer Versöhnung ...

30. Tag

**O glückliche Schuld,
welch großen Erlöser hast du gefunden!**

Wenn wir nämlich ihm gleich geworden sind in seinem Tod, dann werden wir mit ihm auch in seiner Auferstehung vereinigt sein. Wir wissen doch: Unser alter Mensch wurde mitgekreuzigt, damit der von der Sünde beherrschte Leib vernichtet werde und wir nicht Sklaven der Sünde bleiben. Denn wer gestorben ist, der ist frei geworden von der Sünde.   *Röm 6,5–7*

*

»Glückliche Schuld« erscheint auf den ersten Blick als ein Widerspruch in sich selbst. Schuld macht unglücklich. Und doch hat gerade die Verstrickung des Menschen in Schuld Gott dazu gebracht, *seinen* Sohn zu senden. Nur vor diesem Hintergrund kann die Schuld als »glücklich« bezeichnet werden.

▶ *Wo hat mir die Erfahrung von Schuld und Vergebung Gott nähergebracht?*

FÜR DEN TAG:
Ich halte immer wieder inne und suche den Blickkontakt zu einem Kreuz.

31. Tag

Die Stunde kennen

Doch jenen Tag und jene Stunde kennt niemand, auch nicht die Engel im Himmel, nicht einmal der Sohn, sondern nur der Vater. Seht euch also vor, und bleibt wach! Denn ihr wisst nicht, wann die Zeit da ist. Es ist wie mit einem Mann, der sein Haus verließ, um auf Reisen zu gehen: Er übertrug alle Verantwortung seinen Dienern, jedem eine bestimmte Aufgabe; dem Türhüter befahl er, wachsam zu sein. Seid also wachsam! Denn ihr wisst nicht, wann der Hausherr kommt, ob am Abend oder um Mitternacht, ob beim Hahnenschrei oder erst am Morgen. Er soll euch, wenn er plötzlich kommt, nicht schlafend antreffen. Was ich aber euch sage, das sage ich allen: Seid wachsam! *Mk 13,32–37*

*

Um für Gott offen zu sein, um ihn zu erfahren, müssen wir wachsam und gegenwärtig sein.

▸ *Ich bin in dieser Gebetszeit ganz »da«.*

FÜR DEN TAG:
Ich versuche, in der Arbeit ganz »im Hier und Jetzt« gegenwärtig zu sein.

32. Tag

O wahrhaft selige Nacht,
dir allein war es vergönnt, die Stunde zu kennen,
in der Christus erstand von den Toten!

Als der Sabbat vorüber war, kauften Maria aus Magdala, Maria, die Mutter des Jakobus, und Salome wohlriechende Öle, um damit zum Grab zu gehen und Jesus zu salben. Am ersten Tag der Woche kamen sie in aller Frühe zum Grab, als eben die Sonne aufging. Sie sagten zueinander: Wer könnte uns den Stein vom Eingang des Grabes wegwälzen? Doch als sie hinblickten, sahen sie, dass der Stein schon weggewälzt war; er war sehr groß.   *Mk 16,1–4*

*

Auferstehung geschieht unbemerkt – plötzlich ist da etwas, das wir nicht bis ins Letzte nachvollziehen können: Es bleibt eine Überraschung. Im Nachhinein kann der Weg dahin zurückverfolgt werden – aber der Moment selbst ist nicht zu fassen.

▶ *Welche Erfahrung von »Auferstehung« habe ich gemacht? – Wo habe ich neue Hoffnung geschöpft, wo wurde mir ein Stein aus dem Weg geräumt?*

FÜR DEN TAG: Ich versuche heute, offen und wach zu sein für die Zeichen neuen Lebens ...

33. Tag

**Dies ist die Nacht, von der geschrieben steht:
»Die Nacht ist hell wie der Tag, wie strahlendes Licht wird die Nacht mich umgeben«**

Wohin könnte ich fliehen vor deinem Geist, wohin mich vor deinem Angesicht flüchten? Steige ich hinauf in den Himmel, so bist du dort; bette ich mich in der Unterwelt, bist du zugegen. Nehme ich die Flügel des Morgenrots und lasse mich nieder am äußersten Meer, auch dort wird deine Hand mich ergreifen und deine Rechte mich fassen. Würde ich sagen: »Finsternis soll mich bedecken, statt Licht soll Nacht mich umgeben«, auch die Finsternis wäre für dich nicht finster, die Nacht würde leuchten wie der Tag, die Finsternis wäre wie Licht.   *Ps 139,7–12*

*

Wo Gott ist, gibt es keine Finsternis, keine Verlassenheit, keinen Tod.

▶ *Was geschieht, wenn ich meine Probleme, Sorgen, Aufgaben, mit denen ich mich alleingelassen fühle, die ich nicht überschauen kann, in Gottes Licht stelle?*

FÜR DEN TAG:
Ich lasse Gottes Blick auf mir ruhen bei dem, was ich gerade tue.

34. Tag

**Der Glanz dieser heiligen Nacht
nimmt den Frevel hinweg, reinigt von Schuld,
gibt den Sündern die Unschuld**

Denn auch Christus ist der Sünden wegen ein einziges Mal gestorben, er, der Gerechte, für die Ungerechten, um euch zu Gott hinzuführen; dem Fleisch nach wurde er getötet, dem Geist nach lebendig gemacht. Dem entspricht die Taufe, die jetzt euch rettet. Sie dient nicht dazu, den Körper von Schmutz zu reinigen, sondern sie ist eine Bitte an Gott um ein reines Gewissen aufgrund der Auferstehung Jesu Christi, der in den Himmel gegangen ist; dort ist er zur Rechten Gottes und Engel, Gewalten und Mächte sind ihm unterworfen.   *1 Petr 3,18.21f*

*

Taufe bedeutet »innere Reinigung« – sie reinigt unser Gewissen.

▶ *Gibt es etwas in meinem Leben, das mein Gewissen belastet? – Ich bitte Gott, es abzuwaschen oder mir zu helfen, es in Ordnung zu bringen.*

FÜR DEN TAG:
Ich versuche heute das, was mir ungelegen kommt, was mir unangenehm ist, als Prozess der Klärung und Reinigung anzunehmen.

35. Tag

Der Glanz dieser heiligen Nacht gibt den Trauernden Freude

Jesus sagte: Noch kurze Zeit, dann seht ihr mich nicht mehr, und wieder eine kurze Zeit, dann werdet ihr mich sehen. Amen, amen, ich sage euch: Ihr werdet weinen und klagen, aber die Welt wird sich freuen; ihr werdet bekümmert sein, aber euer Kummer wird sich in Freude verwandeln. Wenn die Frau gebären soll, ist sie bekümmert, weil ihre Stunde da ist; aber wenn sie das Kind geboren hat, denkt sie nicht mehr an ihre Not über der Freude, dass ein Mensch zur Welt gekommen ist. So seid auch ihr jetzt bekümmert, aber ich werde euch wiedersehen; dann wird euer Herz sich freuen, und niemand nimmt euch eure Freude. *Joh 16,19b–22*

*

Auferstehung ist wie eine Geburt – neues Leben kommt oft erst durch Bedrängnis, Kummer und Schmerz.

▶ *Bin ich über etwas traurig? Wie fühlt es sich an, wenn ich den »Glanz dieser heiligen Nacht« auf diese Trauer scheinen lasse?*

FÜR DEN TAG:
Ich bin heute aufmerksam auf die Spuren neuen Lebens in der Natur, in der Begegnung mit Menschen.

36. Tag

Weit vertreibt sie den Hass

Sie sollen immer bereit sein, Gutes zu tun, sollen niemand schmähen, nicht streitsüchtig sein, sondern freundlich und gütig zu allen Menschen. Denn auch wir waren früher unverständig und ungehorsam; wir gingen in die Irre, war Sklaven aller möglichen Begierden und Leidenschaften, lebten in Bosheit und Neid, waren verhasst und hassten einander. Als aber die Güte und Menschenliebe Gottes, unseres Retters, erschien, hat er uns gerettet – nicht weil wir Werke vollbracht hätten, die uns gerecht machen könnten, sondern aufgrund seines Erbarmens – durch das Bad der Wiedergeburt und der Erneuerung im Heiligen Geist.   *Tit 2,1b–5*

*

Hass und gestörte Beziehungen entstehen meistens durch Verletzungen, durch das Gefühl, nicht geliebt zu sein. Die unbedingte Liebe Gottes zu uns will uns aus diesem Teufelskreis befreien und unsere Beziehungen heilen.

▸ *Für welche Beziehungen möchte ich Gott um Heilung bitten?*

FÜR DEN TAG:
Ich übe mich heute in Freundlichkeit und Güte, vor allem bei Menschen, mit denen ich mich schwertue.

37. Tag

Sie einigt die Herzen

Ihr seid von Gott geliebt, seid seine auserwählten Heiligen. Darum bekleidet euch mit aufrichtigem Erbarmen, mit Güte, Demut, Milde, Geduld! Ertragt euch gegenseitig, und vergebt einander, wenn einer dem anderen etwas vorzuwerfen hat. Wie der Herr euch vergeben hat, so vergebt auch ihr! Vor allem aber liebt einander, denn die Liebe ist das Band, das alles zusammenhält und vollkommen macht. In eurem Herzen herrsche der Friede Christi; dazu seid ihr berufen als Glieder des einen Leibes. Seid dankbar!   *Kol 3,12–15*

*

Der Friede ist *das* Geschenk des Auferstandenen an seine Jünger – ein innerer Friede, der aus der erfahrenen Liebe und Vergebung kommt. Aus diesem inneren Frieden heraus werden wir zu Menschen, die mit anderen in Frieden leben und auch anderen Frieden schenken können.

▶ *Wo kann und soll ich Frieden und Einheit stiften?*

FÜR DEN TAG:
Ich suche heute in Gesprächen und Beziehungen mehr das Einigende als das Trennende.

38. Tag

Und beugt die Gewalten

Meine Seele preist die Größe des Herrn und mein Geist jubelt über Gott, meinen Retter. Er vollbringt mit seinem Arm machtvolle Taten: Er zerstreut, die im Herzen voll Hochmut sind. Er stürzt die Mächtigen vom Thron und erhöht die Niedrigen.   *Lk 1,46b–47.51–52*

*

Gottes besondere Liebe und Aufmerksamkeit gehört den Kleinen, Schwachen, Niedrigen. Das Loblied Marias singt genauso wie das Exsultet davon, dass Gott die Welt auf den Kopf stellt und die Befehlsgewalten vor ihm keinen Bestand haben.

▶ *Wo wünsche ich mir mehr Freiheit und Entfaltungsmöglichkeit?*

FÜR DEN TAG:
Ich lasse mich heute nicht einschüchtern.

39. Tag

**In dieser gesegneten Nacht, heiliger Vater,
nimm an das Abendopfer unseres Lobes**

Herr, ich rufe zu dir. Eile mir zu Hilfe; höre auf meine Stimme, wenn ich zu dir rufe. Wie ein Rauchopfer steige mein Gebet vor dir auf; als Abendopfer gelte vor dir, wenn ich meine Hände erhebe.   *Ps 141,1f*

*

Wenn wir unseren Lobgesang als »Abendopfer« verstehen, wollen wir Gott damit ein »Geschenk« machen. Wir antworten auf seine Liebe mit unserem Lob, mit unserem Gebet, mit unserem Dank.

▶ *Ich stelle mir vor, wie mein Gebet zu Gott »aufsteigt«, ich kann dazu die Hände öffnen oder erheben.*

FÜR DEN TAG:
Ich schicke immer wieder ein »Stoßgebet« zum Himmel.

40. Tag

Nimm diese Kerze entgegen als unsere festliche Gabe!
Aus dem köstlichen Wachs der Bienen bereitet, wird sie dir dargebracht von deiner heiligen Kirche durch die Hand ihrer Diener

Jesus Christus ist derselbe gestern, heute und in Ewigkeit. Durch ihn also lasst uns Gott allezeit das Opfer des Lobes darbringen, nämlich die Frucht unserer Lippen, die seinen Namen preisen. Vergesst nicht, Gutes zu tun und mit anderen zu teilen; denn an solchen Opfern hat Gott Gefallen.   *Hebr 13,8.15f*

*

»Opfer« sind Gaben, die wir Gott darbringen, schenken. Wenn auch die Osterkerze wertvoll ist – sie steht für mehr: für uns selbst, für unsere Bereitschaft zum Dienst an anderen, für den auferstandenen Christus, an den wir glauben.

▶ *Was möchte ich einem Menschen und vielleicht auch Gott schenken?*

FÜR DEN TAG:
Ich teile heute mit jemandem – Zeit, Geld, Sorgen …

41. Tag

So ist nun das Lob dieser kostbaren Kerze
erklungen,
die entzündet wurde am lodernden Feuer
zum Ruhme des Höchsten

Statt ... Finsternis gabst du den Deinen eine flammende Feuersäule als Führerin auf unbekanntem Weg, als freundliche Sonne auf ihrer ruhmvollen Wanderung.
Weish 18,3

*

Das Licht des Auferstandenen, symbolisiert durch die Osterkerze, leitet uns auf dem Weg durch das Leben. Licht und Feuer stehen für Gott, für seinen Geist.

▶ *Wofür »brenne« ich? Was begeistert mich?*

FÜR DEN TAG:
Ich höre auf die leisen Impulse des Geistes und lasse mich davon leiten.

42. Tag

Wenn auch ihr Licht sich in die Runde verteilt hat, so verlor es doch nichts von der Kraft seines Glanzes

Einst wart ihr Finsternis, jetzt aber seid ihr durch den Herrn Licht geworden. Lebt als Kinder des Lichts! Das Licht bringt lauter Güte, Gerechtigkeit und Wahrheit hervor. Prüft, was dem Herrn gefällt, und habt nichts gemein mit den Werken der Finsternis. Alles Erleuchtete aber ist Licht. Deshalb heißt es: Wach auf, du Schläfer, und steh auf von den Toten, und Christus wird dein Licht sein.   *Eph 5,8–11a.14*

*

Licht wird mehr, strahlender, wenn es geteilt wird – Glaube, Liebe, Hoffnung ebenso. Wer als »Kind des Lichts« lebt, erhellt anderen das Leben und »steckt an«.

▶ *Wem und wie bin ich »Licht«? Wer ist für mich Licht?*

FÜR DEN TAG:
Ich will in meinen Begegnungen Güte, Gerechtigkeit und Wahrheit hervorbringen.

43. Tag

**Denn die Flamme wird genährt vom schmelzenden Wachs,
das der Fleiß der Bienen für diese Kerze bereitet hat**

Jesus sprach: Ich bin gekommen, um Feuer auf die Erde zu werfen. Wie froh wäre ich, es würde schon brennen! Ich muss mit einer Taufe getauft werden, und ich bin sehr bedrückt, solange sie noch nicht vollzogen ist.   *Lk 12,49f*

*

Wie das Kerzenwachs die Flamme nährt und von ihr verzehrt wird, so gibt Jesus sein Leben für seinen Auftrag. Die leuchtende Kerze zeigt: Wer sich selbst bewahren will, gibt kein Licht.

▸ *Wen oder was »nähre« ich? Wofür gebe ich meine Zeit, meine Liebe, meine Kraft?*

FÜR DEN TAG:
Ich versuche, großzügig zu sein, wenn jemand etwas von mir will.

44. Tag

O wahrhaft selige Nacht, die Himmel und Erde versöhnt, die Gott und Menschen verbindet!

Gepriesen sei der Gott und Vater unseres Herrn Jesus Christus: Denn in ihm hat er uns erwählt vor der Erschaffung der Welt, damit wir heilig und untadelig leben vor Gott; er hat uns aus Liebe im Voraus dazu bestimmt, seine Söhne (und Töchter) zu werden durch Jesus Christus und nach seinem gnädigen Willen zu ihm zu gelangen, zum Lob seiner herrlichen Gnade. Er hat sie uns geschenkt in seinem geliebten Sohn; durch sein Blut haben wir die Erlösung, die Vergebung der Sünden nach dem Reichtum seiner Gnade. Er hat beschlossen, die Fülle der Zeiten heraufzuführen, in Christus alles zu vereinen, alles, was im Himmel und auf Erden ist.   *Eph 1,3a.4–7.10*

*

Jesus eröffnet uns einen unmittelbaren Zugang zu Gott – unverdient, ohne unser Zutun, geschenkt. Das meint: »aus Gnade«.

▶ *Gott nimmt mich als Sohn / Tochter an, ohne Bedingungen – wie fühlt sich das an?*

FÜR DEN TAG:
Ich sammle heute »Zeichen der Gnade« (Begegnungen, Freundlichkeiten, Fügungen …).

45. Tag

Darum bitten wir dich, o Herr:
Geweiht zum Ruhm deines Namens,
leuchte diese Kerze fort,
um in dieser Nacht das Dunkel zu vertreiben

Jesus rief aus: Wer an mich glaubt, glaubt nicht an mich, sondern an den, der mich gesandt hat, und wer mich sieht, sieht den, der mich gesandt hat. Ich bin das Licht, das in die Welt gekommen ist, damit jeder, der an mich glaubt, nicht in der Finsternis bleibt.   *Joh 12,44–46*

*

Nicht nur für die Osternacht bitten wir um Licht – das Licht der Osterkerze erinnert uns an die Gegenwart Gottes, an das Leben, das er uns schenkt. Der Glaube führt uns in dieses Licht.

▶ *Wo empfinde ich mein Leben als »hell« und wo als »dunkel«? Was geschieht, wenn ich mich Jesus, dem Licht der Welt, zuwende?*

FÜR DEN TAG:
Ich bin aufmerksam dafür, wo sich meine Stimmung »verdunkelt« – und suche das »Licht«.

46. Tag

Nimm sie an als lieblich duftendes Opfer, vermähle ihr Licht mit den Lichtern am Himmel

Dann sprach Gott: Lichter sollen am Himmelsgewölbe sein, um Tag und Nacht zu scheiden. Sie sollen Zeichen sein und zur Bestimmung von Festzeiten, von Tagen und Jahren dienen; sie sollen Lichter am Himmelsgewölbe sein, die über die Erde hin leuchten. So geschah es. Gott setzte die Lichter an das Himmelsgewölbe, damit sie über die Erde hin leuchten, über Tag und Nacht herrschen und das Licht von der Finsternis scheiden. Gott sah, dass es gut war.   *Gen 1,14f.17f*

*

Gott gibt allem Geschaffenen eine Ordnung, den Dingen, den Lebewesen und auch dem Menschen. Der Mensch kann sein Leben in dieser Ordnung gestalten und sich entfalten.

▶ *Ist mein Leben »geordnet« oder gibt es Bereiche, wo ich an meinen Gegebenheiten (Talente, Kräfte …) vorbeilebe?*

FÜR DEN TAG:
Ich spüre nach, was im Moment »dran ist«.

47. Tag

Sie leuchte, bis der Morgenstern erscheint,
jener wahre Morgenstern,
der in Ewigkeit nicht untergeht:
dein Sohn, unser Herr Jesus Christus

Dadurch ist das Wort der Propheten für uns noch sicherer geworden, und ihr tut gut daran, es zu beachten; denn es ist ein Licht, das an einem finsteren Ort scheint, bis der Tag anbricht und der Morgenstern aufgeht in eurem Herzen.   *2 Petr 1,19*

*

Das Wort Gottes – im Wort der Propheten – ist Verheißung, Mahnung, Trost, Korrektur. Wenn wir uns damit beschäftigen, macht es uns bereit für die Begegnung mit Ihm.

▸ *Gibt es ein besonderes Wort der Bibel, das mich tröstet, ermutigt, in Frage stellt, begleitet?*

FÜR DEN TAG:
Ich höre auf die »Worte« Gottes, die Er mir sagt in den Begegnungen und Erlebnissen des Tages.

48. Tag

Unser Herr Jesus Christus, der von den Toten erstand

Der Engel aber sagte zu den Frauen: Fürchtet euch nicht! Ich weiß, ihr sucht Jesus, den Gekreuzigten. Er ist nicht hier; denn er ist auferstanden, wie er gesagt hat. Kommt her und seht euch die Stelle an, wo er lag. Dann geht schnell zu seinen Jüngern und sagt ihnen: Er ist von den Toten auferstanden. Er geht euch voraus nach Galiläa, dort werdet ihr ihn sehen. Ich habe es euch gesagt.
Mt 28,5–7

*

Der Engel »holt die Frauen ab, wo sie stehen«: in ihrer Furcht, in ihrer Trauer und ihren Erinnerungen. Auferstehung macht nichts ungeschehen und verharmlost nicht den Tod. Aber sie öffnet die Perspektive: »Ihr werdet sehen« … Galiläa ist der Ort des alltäglichen Lebens.

▶ *Ich blicke auf meinen Alltag – Wie ist mein »Galiläa«, in das mich der Engel schickt?*

FÜR DEN TAG:
Ich lassen mir heute in den Tücken und Pflichten des Alltags zusagen, dass ich darin den Herrn finde.

49. Tag

**Unser Herr Jesus Christus,
der den Menschen erstrahlt in österlichem Licht**

Sogleich verließen sie das Grab und eilten voll Furcht und großer Freude zu seinen Jüngern, um ihnen die Botschaft zu verkünden. Plötzlich kam ihnen Jesus entgegen und sagte: Seid gegrüßt! Sie gingen auf ihn zu, warfen sich vor ihm nieder und umfassten seine Füße. Da sagte Jesus zu ihnen: Fürchtet euch nicht! Geht und sagt meinen Brüdern, sie sollen nach Galiläa gehen, und dort werden sie mich sehen.   *Mt 28,8–10*

*

Der Auferstandene kommt uns entgegen mit einem Gruß, einer Ermutigung und einem Auftrag. Die Begegnung mit IHM wird auch unsere Schritte »beflügeln« …

▶ *Ich darf das »österliche Licht« zu den Menschen in meiner Umgebung tragen – welche Menschen und Situationen fallen mir ein?*

FÜR DEN TAG:
Ich versuche heute, anderen Mut zu machen.

50. Tag

Der mit dir lebt und herrscht in Ewigkeit

Wir danken Gott, dem Vater Jesu Christi, unseres Herrn, jedes Mal, wenn wir für euch beten. Denn wir haben von eurem Glauben an Christus Jesus gehört und von der Liebe, die ihr zu allen Heiligen habt, weil im Himmel die Erfüllung eurer Hoffnung für euch bereitliegt. (Wir) hören nicht auf, inständig für euch zu beten, dass ihr in aller Weisheit und Einsicht, die der Geist schenkt, den Willen des Herrn ganz erkennt. Denn ihr sollt ein Leben führen, das des Herrn würdig ist und in allem sein Gefallen findet. Ihr sollt Frucht bringen in jeder Art von guten Werken und wachsen in der Erkenntnis Gottes. Er gebe euch in der Macht seiner Herrlichkeit viel Kraft, damit ihr in allem Geduld und Ausdauer habt. *Kol 1,3–5a.9b10–11*

*

Der Geist Jesu, der in uns lebt und herrscht, macht unser Leben »fruchtbar«: Er schenkt Weisheit und Einsicht, Erkenntnis, Nächstenliebe, Kraft und Geduld.

▶ *Um welche »Frucht des Geistes« möchte ich besonders bitten?*

FÜR DEN TAG:
Ich lebe heute, »wie es dem Herrn gefällt« – und freue mich daran.

Autorin und Autor

CORNELIA REISCH,
geb. 1963, Dipl. Religionspädagogin FH, tätig als Gemeindereferentin in einer Seelsorgeeinheit im Erzbistum Freiburg, Ausbildung für geistliche Begleitung und Exerzitien im Alltag.

PETER NEHER,
geb. 1955, Dr. theol., Klinikseelsorger, Gemeindepfarrer, Subregens, ausgebildeter Supervisor, seit 2003 Präsident des Deutschen Caritasverbandes mit Sitz in Freiburg.